BEI GRIN MACHT SICH IHR WISSEN BEZAHLT

- Wir veröffentlichen Ihre Hausarbeit,
  Bachelor- und Masterarbeit

- Ihr eigenes eBook und Buch -
  weltweit in allen wichtigen Shops

- Verdienen Sie an jedem Verkauf

Jetzt bei www.GRIN.com hochladen und kostenlos publizieren

Ann Drechsler

Die Privatsprache und ihr Problem nach Ludwig Wittgenstein am Beispiel der Empfindung "Schmerzen"

GRIN Verlag

Bibliografische Information der Deutschen Nationalbibliothek:

Die Deutsche Bibliothek verzeichnet diese Publikation in der Deutschen National-bibliografie; detaillierte bibliografische Daten sind im Internet über http://dnb.d-nb.de/ abrufbar.

Impressum:

Copyright © 2011 GRIN Verlag GmbH
Druck und Bindung: Books on Demand GmbH, Norderstedt Germany
ISBN: 978-3-656-25260-3

Dieses Buch bei GRIN:

http://www.grin.com/de/e-book/198468/die-privatsprache-und-ihr-problem-nach-ludwig-wittgenstein-am-beispiel

GRIN - Your knowledge has value

Der GRIN Verlag publiziert seit 1998 wissenschaftliche Arbeiten von Studenten, Hochschullehrern und anderen Akademikern als eBook und gedrucktes Buch. Die Verlagswebsite www.grin.com ist die ideale Plattform zur Veröffentlichung von Hausarbeiten, Abschlussarbeiten, wissenschaftlichen Aufsätzen, Dissertationen und Fachbüchern.

Besuchen Sie uns im Internet:

http://www.grin.com/

http://www.facebook.com/grincom

http://www.twitter.com/grin_com

Universität Erfurt
Studium Fundamentale
– Methodisch-theoretisches Grundlagen- und Vermittlungswissen –

Seminar (6 LP, Modul BA Stu SF MTG # 01):
‚Sprache und Denken'

Verschriftlichung des Referates (vom 01.06.2011; zuständiger Dozent: Prof. Dr. R. Erkwoh) zum
Thema:

Ludwig Wittgensteins »Philosophische Untersuchungen« – Privatsprache, Privatsprachen-Argument und daraus resultierende Probleme am Beispiel der Empfindung ‚Schmerzen'

Name: Drechsler, Ann
Hauptfach: Pädagogik der Kindheit
Nebenfach: Germanistik
SS 2011, 6. B.A.-Fachsemester
Abgabedatum: 06.08.2011

Inhalt

1.   Einleitung

Die vorliegende Ausarbeitung ist eine Verschriftlichung des von mir am 01.06.2011 im Seminar abgehaltenen Referates zum Thema ‚Privatsprache' aus den ‚Philosophischen Untersuchungen (Abkürzung: PU)' (entstanden zwischen 1936 und 1947, veröffentlicht postum 1953), dem zweiten Hauptwerk/dem Spätwerk des Philosophen Ludwig Wittgenstein (1889 – 1951). Im Genauen wird es darum gehen, was Privatsprache ist, was unter dem sogenannten ‚Privatsprachen-Argument' zu verstehen ist und welche Probleme die Privatsprache mit sich bringt – dies wird aufgezeigt am Beispiel der Empfindung ‚Schmerzen'. Speziell das Thema ‚Privatsprache' umfasst in den PU die Abschnitte 243 bis 315; für das Referat sowie die jetzige Verschriftlichung davon wurden ganz bestimmte Abschnitte zur Beschreibung und Analyse ausgewählt. Die vorliegende kurze Abhandlung soll also (noch einmal) einen Überblick zu den wichtigsten Aspekten der ‚Privatsprache' am Beispiel des Schmerzes geben.

2.   Die ‚Privatsprache' und deren Problem nach Wittgenstein

Bevor es zur Thematik der ‚Privatsprache' kommt, soll geklärt werden, wie Wörter ihre Bedeutung erhalten. Wittgenstein greift dafür in seinen PU ein Zitat des christlichen Kirchenlehrers Augustinus von Hippo (354 – 430) aus dessen ‚Confessiones' (Bekenntnisse; autobiographische Betrachtungen) auf, das wie folgt lautet:

> „Nannten die Erwachsenen irgend einen Gegenstand und wandten sie sich dabei ihm zu, so nahm ich das wahr und ich begriff, daß der Gegenstand durch die Laute, die sie aussprachen, bezeichnet wurde, da sie auf ihn hinweisen wollten. Dies aber entnahm ich aus ihren Gebärden, der natürlichen Sprache aller Völker, der Sprache, die durch Mienen- und Augenspiel, durch Bewegungen der Glieder und den Klang der Stimme die Empfindungen der Seele anzeigt, wenn diese irgend etwas begehrt, oder festhält, oder zurückweist, oder flieht. So lernte ich nach und nach verstehen, welche Dinge die Wörter bezeichneten, die ich wieder und wieder, an ihren bestimmten Stellen in verschiedenen Sätzen, aussprechen hörte. Und ich brachte, als nun mein Mund sich an diese Zeichen gewöhnt hatte, durch sie meine Wünsche zum Ausdruck."[1]

Wittgenstein zieht daraus den Schluss, dass das Wesen der menschlichen Sprache so verfährt, dass Wörter der Sprache Gegenstände benennen, d. h. jedes Wort hat eine Bedeutung und umgekehrt ist eine Bedeutung einem bestimmten Wort zugeordnet – die Bedeutung ist also der Gegenstand, für den das Wort steht.[2] Noch etwas vereinfachter heißt das, dass Wörter für Gegenstände stehen und diese Gegenstände sind folglich die Bedeutungen der Wörter.[3] Warum für die *Privatsprache* als Einstieg aus den PU Abschnitt 1 (Augustinus) gewählt wurde, soll gleich deutlich werden.

Was bedeutet *Privatsprache*? Damit ist die „Möglichkeit einer privaten, nur vom Sprecher dieser Sprache verstehbaren Sprache"[4] gemeint. Das sogenannte Privatsprachen-Argument beginnt in den PU mit Abschnitt 243:

---

[1] Wittgenstein: PU, Abschnitt 1.
[2] Vgl. ebd.
[3] Vgl. Kienzler 2007, S. 21.
[4] Vgl. ebd., S. 104.

3

„[…] Wäre aber auch eine Sprache denkbar, in der Einer seine inneren Erlebnisse – seine Gefühle, Stimmungen. etc. – für den eigenen Gebrauch aufschreiben, oder aussprechen könnte? – Können wir denn das in unserer gewöhnlichen Sprache nicht tun? – Aber so meine ich's nicht. Die Wörter dieser Sprache sollten sich auf das beziehen, wovon nur der Sprechende wissen kann; auf seine unmittelbaren, privaten, Empfindungen. Ein Anderer kann diese Sprache also nicht verstehen."[5]

Man darf aus der Benennung nicht schließen, dass es sich nur um *ein* Argument handelt – vielmehr ist es ein komplexes Gebilde von Argumenten und Beobachtungen. Vorrangig geht es in PU 243 nicht darum, ob eine private Sprache möglich sei, sondern das Hauptaugenmerk liegt auf *unseren* Wörtern für subjektive Empfindungen; ferner muss man also fragen, ob man hierbei von Namen von ‚inneren' Gegenständen, also von individuell in unserem Bewusstsein stattfindenden Geschehnissen sprechen kann?[6]

Hier nun wird noch einmal Augustinus herangezogen, bei dem Wörter die Bezeichnungen von Gegenständen sind – will man also wissen, was ein Wort bedeutet, so müsse nur gewusst werden, welchen Gegenstand es bezeichnet, was PU 264 zeigt: „Wenn du einmal weißt, was das Wort bezeichnet, verstehst du es, kennst seine ganze Anwendung."[7] Überträgt man dies nun auf Wörter für Gefühle (a), Stimmungen (b) und Empfindungen (c), führt das zu der Auffassung, dass auch a, b und c Gegenstände sind, aber eben psychische, also Dinge, Ereignisse im menschlichen Geist (d. h. in der Innenwelt eines Bewusstseins) und nicht plastisch-räumliche wie z. B. Stühle oder Bäume (räumliche Außenwelt) – diese beiden Aspekte sind also voneinander zu unterscheiden. Wenn nun eine Empfindung ebenfalls ein Gegenstand ist, was man so verstehen kann, da sie ja mit einem Nomen/Gegenstandswort bezeichnet wird, dann ist sie natürlich kein räumlicher Gegenstand, sondern nur ein für ein jeweiliges Bewusstsein/für eine subjektive Innenwelt wahrnehmbarer.[8]

Nach Augustinus erhält ein Wort seine Bedeutung, indem es einen Gegenstand bezeichnet. Weiterführend heißt das im Falle von Empfindungswörtern, dass sich die Bedeutung von Empfindungswörtern aus der Bezeichnung von Empfindungen ergibt; dass eine Empfindung ein Gegenstand im individuellen Bewusstsein ist und dass Empfindungen nicht abhängig vom Ausdrucksverhalten sind.[9] Worin liegt nun genau das Problem bei Empfindungen/Empfindungswörtern? Das sagt schon das Ende des PU-Abschnittes 243 (siehe Textstelle mit Fußnote 5) aus: Nur der Sprecher könne die Sprache über seine privaten Empfindungen verstehen.

Bei Schroeder heißt es weiter, dass folglich mehrere Menschen über die Bedeutung von Empfindungswörtern im Grunde nicht kommunizieren können, da subjektive Empfindungen für andere nicht greifbar seien und sich deshalb jene Empfindungen auch nicht beschreiben ließen. Es werden drei Konsequenzen aufgestellt: I. ‚Ich nehme meine Empfindungen direkt wahr.'; II. ‚Andere erfahren höchstens indirekt von meinen Empfindungen.'; III. ‚Die Beschaffenheit meiner Empfindungen kann ich niemandem mitteilen.'[10]

---

[5] Wittgenstein: PU, Abschnitt 243.
[6] Vgl. Schroeder 2009, S. 119.
[7] Wittgenstein: PU, Abschnitt 264.
[8] Vgl. Schroeder 2009, S. 119 f.
[9] Vgl. ebd., S. 121.
[10] Vgl. ebd.

Aus I. folgt: Nur ich selbst kenne und erlebe meine Empfindungen.

Aus II. folgt, dass Mitmenschen nie absolut sicher sein können, welche Empfindungen in einem Gegenüber vorgehen; man kann zwar gewisse äußere Anzeichen am Verhalten erkennen, aber diese können ja auch täuschen, d. h. es besteht die Möglichkeit, nur so zu tun, als habe man Schmerzen, oder man hat Schmerzen, lässt sich das aber nicht anmerken.[11] Dies verdeutlicht der PU-Abschnitt 246:

„Inwiefern sind nun meine Empfindungen privat? – Nun, nur ich kann wissen, ob ich wirklich Schmerzen habe; der Andere kann es nur vermuten. – Das ist in einer Weise falsch, in einer andern unsinnig. Wenn wir das Wort ‚wissen‘ gebrauchen, wie es normalerweise gebraucht wird (und wie sollen wir es denn gebrauchen!), dann wissen es Andre sehr häufig, wenn ich Schmerzen habe. – Ja, aber doch nicht mit der Sicherheit, mit der ich selbst es weiß! – [...]"[12]

Aus III. folgt dann gewissermaßen noch eine Zuspitzung: Auch wenn seitens des Gegenübers keine Täuschungsabsicht vorliegt, kann der andere nie wirklich wissen, was das Gegenüber fühlt/empfindet, da man Art und Zustand privater, individueller Empfindungen mit Worten anscheinend nicht wirklich beschreiben kann – lediglich die betreffende Person selbst wisse wirklich von ihren Gefühlen, d. h. wenn diese Person ihre Empfindungen mit bestimmten Wörtern bezeichnet, könne das Gegenüber diese Wortbedeutungen nicht gänzlich verstehen; es ist also zwischen der Kenntnis des eigenen und eines fremden Bewusstseins zu unterscheiden.[13] Dies verdeutlichen die PU-Abschnitte 272 und 293:
„Das Wesentliche am privaten Erlebnis ist eigentlich nicht, daß Jeder sein eigenes Exemplar besitzt, sondern daß keiner weiß, ob der Andere auch *dies* hat, oder etwas anderes. [...]"[14];

„Wenn ich von mir selbst sage, ich wisse nur vom eigenen Fall, was das Wort ‚Schmerz‘ bedeutet, – muß ich *das* nicht auch von den Andern sagen? Und wie kann ich denn den *einen* Fall in so unverantwortlicher Weise verallgemeinern? Nun, ein Jeder sagt es mir von sich, er wisse nur von sich selbst, was Schmerzen seien! – Angenommen, es hätte Jeder eine Schachtel, darin wäre etwas, was wir ‚Käfer‘ nennen. Niemand kann je in die Schachtel des Andern schaun; und Jeder sagt, er wisse nur vom Anblick *seines* Käfers, was ein Käfer ist. – Da könnte es ja sein, daß Jeder ein anderes Ding in seiner Schachtel hätte. Ja, man könnte sich vorstellen, daß sich ein solches Ding fortwährend veränderte. – Aber wenn nun das Wort ‚Käfer‘ dieser Leute doch einen Gebrauch hätte? – So wäre er nicht der der Bezeichnung eines Dings. Das Ding in der Schachtel gehört überhaupt nicht zum Sprachspiel; auch nicht einmal als ein *Etwas*: denn die Schachtel könnte auch leer sein. – Nein, durch dieses Ding in der Schachtel kann ‚gekürzt werden‘; es hebt sich weg, was immer es ist. Das heißt: Wenn man die Grammatik des Ausdrucks der Empfindung nach dem Muster von ‚Gegenstand und Bezeichnung‘ konstruiert, dann fällt der Gegenstand als irrelevant aus der Betrachtung heraus."[15]

Bezüglich des Bewusstseins kann man noch einmal PU-Abschnitt 246 aufgreifen:

„Inwiefern sind nun meine Empfindungen *privat*? – Nun, nur ich kann wissen, ob ich wirklich Schmerzen habe; der Andere kann es nur vermuten. – Das ist in einer Weise falsch, in einer andern unsinnig. Wenn wir das Wort ‚wissen‘ gebrauchen, wie es normalerweise gebraucht wird (und wie sollen wir es denn gebrauchen!), dann wissen es Andre sehr häufig, wenn ich Schmerzen habe. – Ja, aber doch nicht mit der Sicherheit, mit der ich selbst es weiß! – Von mir kann man überhaupt nicht sagen (außer etwa im Spaß), ich *wisse*, daß ich Schmerzen habe. Was soll es denn heißen – außer etwa, daß ich Schmerzen *habe*? Man kann nicht sagen, die Andern lernen meine Empfindung *nur* durch mein Benehmen, – denn von mir kann man nicht sagen, ich lernte sie. Ich *habe* sie. Das ist richtig: es hat

[11] Vgl. Schroeder 2009, S. 122.
[12] Wittgenstein: PU, Abschnitt 246.
[13] Vgl. Schroeder 2009, S. 122.
[14] Wittgenstein: PU, Abschnitt 272.
[15] Ebd., Abschnitt 293.

Sinn, von Andern zu sagen, sie seien im Zweifel darüber, ob ich Schmerzen habe; aber nicht, es von mir selbst zu sagen."[16]

Es geht hier speziell um die Verwendung der Wörter ‚Wissen' und ‚Empfindung' (‚Nun, nur ich kann wissen, ob ich wirklich Schmerzen habe; der Andere kann es nur vermuten. – Das ist in einer Weise falsch, in einer andern unsinnig.'): Falsch deshalb, weil andere wirklich oft wissen, wann man Schmerzen hat, wenn das Wort ‚wissen' eben so gebraucht wird, wie es i. d. R. gebraucht wird (Bsp. von mir: Wenn ich einem Freund nach einer OP erzähle, dass ich noch Schmerzen habe, dann kann man sagen, dass der Freund nun weiß, dass ich Schmerzen habe, er ist in Kenntnis davon.); unsinnig aus dem Grund, weil es kein Sprachspiel[17] gibt, bei dem es Sinn ergibt, zu sagen, man wisse von sich selbst, man habe Schmerzen – einzig korrekt sei daher ‚Ich habe Schmerzen.'. Es ergibt von Fall zu Fall Sinn, zu sagen, dass andere bezweifeln, ob jemand Schmerzen hat, aber es ergibt keinen Sinn, selbst an seinen eigenen Schmerzen zu zweifeln. Andere können es also nicht nur vermuten, sondern durchaus auch wirklich wissen, und bei sich selbst kann man nicht von ‚wissen' sprechen, denn entweder *hat* eine Person Schmerzen oder sie hat sie nicht.[18]

Es lohnt sich, hier an dieser Stelle noch einmal den PU-Abschnitt 293 (siehe Textpassage mit Fußnote 15) aufzugreifen bzw. ihn etwas genauer zu erklären, da dieses Textbeispiel mit dem Käfer/das ‚Käfer-Gleichnis' m. E. die zentrale Textstelle ist und somit im Prinzip alles aussagt bezüglich des Problems der Privatsprache am Beispiel des Schmerzes.

Zunächst sagt Wittgenstein, dass man nur von sich selbst wisse, was Schmerz bedeutet – gleichzeitig müsse man dies aber natürlich auch allen anderen Individuen zugestehen, da ja auch jeder andere bei sich selbst weiß, was Schmerz heißt; Wittgenstein nennt dies eine Verallgemeinerung ‚in so unverantwortlicher Weise': Die ersten beiden (Frage-)Sätze von PU 293 korrespondieren nicht ganz miteinander. Während der erste Satz aussagt, dass man das, was man von sich selbst sagt, auch von anderen sagen müsse, wird durch den zweiten Satz eine gewisse Kritik geäußert, nämlich, dass auf diese Weise verallgemeinert werde. Diese Verallgemeinerung wird von Wittgenstein selbst im Prinzip etwas schlecht gemacht – und dennoch ergibt sich eine gewisse Ironie, weil Wittgenstein selbst trotzdem diese Verallgemeinerung benutzt, da es weitergeht mit ‚Nun, ein Jeder sagt es mir von sich, er wisse nur von sich selbst, was Schmerzen seien!', d. h. eine Verallgemeinerung erfolgt hier zwangsläufig. Wittgenstein verfährt nun weiter, indem er den Schmerz, den jeder nur von seinem eigenen Inneren kennen dürfte, mit einem Käfer in einer Schachtel vergleicht – da keiner in die Schachtel des anderen hineinsehen kann, heißt das, dass man erstens nur seinen eigenen Käfer sieht bzw. vom Anblick dessen weiß, was er ist, und folglich zweitens, dass man nicht weiß, wie der Käfer bei den anderen aussieht oder ob bei den anderen überhaupt ein Käfer darin ist, denn die Schachtel kann ja auch leer sein oder bei jedem kann auch ein anderes Ding darin sein oder genauso gut kann ein Ding sich stets ändern. Aus PU 293 geht also zum einen weiterhin hervor, dass man durch eigene

---

[16] Wittgenstein: PU, Abschnitt 246.
[17] Zusammenhänge, in denen Sprache beim Handeln gebraucht wird; sprachliche Äußerung, die in einer bestimmten Gebrauchssituation auftritt.
[18] Vgl. Kienzler 2007, S. 106 f.

Erlebnisse/Vorstellungen in Bezug auf Empfindungen (wie eben der Schmerz) allenfalls vermuten kann, dass sich in anderen Personen vergleichbare, ähnliche Prozesse vollziehen und zum anderen verdeutlicht Wittgenstein durch sein Käfer-Gleichnis, dass sich das Sprachspiel bzw. die Verwendung einer Privatsprache als gegenstandslos erweist, da rein innerliche Empfindungen (wie Schmerz) zwischen Subjekten nicht vermittelt werden können.[19]

3. Fazit

Zwar können also private Empfindungen (wie Schmerz) zwischen Subjekten nicht vermittelt werden, aber der Umgang damit kann vermittelt werden – der Umgang wird einem beigebracht bzw. beruht auf Konvention, was Wittgenstein mit den zwei folgenden PU-Abschnitten aufzeigt:

> (244) „Wie *beziehen* sich Wörter auf Empfindungen? – Darin scheint kein Problem zu liegen; denn reden wir nicht täglich von Empfindungen, und benennen sie? Aber wie wird die Verbindung des Namens mit dem Benannten hergestellt? Die Frage ist die gleiche wie die: wie lernt ein Mensch die Bedeutung der Namen von Empfindungen? Z. B. des Wortes ‚Schmerz‘. Dies ist eine Möglichkeit: Es werden Worte mit dem ursprünglichen, natürlichen, Ausdruck der Empfindung verbunden und an dessen Stelle gesetzt. Ein Kind hat sich verletzt, es schreit; und nun sprechen ihm die Erwachsenen zu und bringen ihm Ausrufe und später Sätze bei. Sie lehren das Kind ein neues Schmerzbenehmen. ‚So sagst du also, daß das Wort ‚Schmerz‘ eigentlich das Schreien bedeute?‘ – Im Gegenteil; der Wortausdruck des Schmerzes ersetzt das Schreien und beschreibt es nicht."[20];

(245) „Wie kann ich denn mit der Sprache noch zwischen die Schmerzäußerung und den Schmerz treten wollen?"[21]

Beide Abschnitte bringen zum Ausdruck, dass der Schmerz nicht direkt benannt werden kann. Es ist so, dass, wenn sich z. B. ein Kind wehgetan/verletzt hat, zuerst der wirkliche Schmerz an sich ‚innen‘ vorhanden ist, dieser bewirkt aufgrund der Kausalität, dass das Kind unwillkürlich aufschreit/weint (= natürlicher Ausdruck einer Empfindung), anschließend folgt die direkt mit dem Schmerz verknüpfte sprachliche Benennung (‚Au!‘, ‚Aua!‘) und erst am Ende gibt das Kind die ‚äußerliche‘, im Grunde nicht wesentliche Schmerzäußerung (‚Es tut weh. Ich habe Schmerzen.‘) von sich. Der Schmerz an sich wird also nicht direkt benannt, sondern der sprachliche Ausdruck des Schmerzes ergänzt und/oder ersetzt das natürliche Schmerzbenehmen. Und an diese bestimmten sprachlichen Ausdrücke für Schmerzen gewöhnt sich das Kind (und äußert sie nach gewisser Zeit quasi genauso reflexartig wie das natürliche Schreien), weil es ihm so beigebracht wird und es das so lernt – es ist das Lehrverhalten von Erwachsenen, wie z. B. den Eltern.[22] Für Wittgenstein ist das Lehren der Sprache auch vielmehr ein Abrichten als ein Erklären.[23]

So ist man wieder bei PU 243 (siehe Textstelle mit Fußnote 5) und PU 293 (siehe Textstelle mit Fußnote 15): Nur der Sprecher selbst kann wirklich die sprachlichen Äußerungen verstehen, wenn er

---

[19] Vgl. Schroeder 2009, S. 153 f.; vgl. Kienzler 2007, S. 120 f.
[20] Wittgenstein: PU, Abschnitt 244.
[21] Ebd., Abschnitt 245.
[22] Vgl. Schroeder 2009, S. 128; vgl. Kienzler 2007, S. 106.
[23] Vgl. Wittgenstein: PU, Abschnitt 5.

von seinen eigenen privaten Empfindungen spricht und man kennt im Prinzip nur seinen eigenen Schmerz und kann nicht in andere hineinsehen. So können also Empfindungen an sich zwischen Personen nicht benannt und vermittelt werden, dennoch – das zeigen PU 244 und 245 (siehe Textstellen mit Fußnoten 20/21) – kann (und das wird er auch) der Umgang mit Empfindungen durch Sprache vermittelt werden, d. h. durch die auf Konvention/Abrichtung beruhenden, bestimmten sprachlichen Ausdrücke wird der Umgang kommunizierbar gemacht und eben durch besagte Konvention sind es (nicht nur für Empfindungen) feste Wendungen, die Menschen in der ihnen zugehörigen Gesellschaft nahezu einheitlich verwenden.

Literaturverzeichnis

Primärliteratur

Wittgenstein, Ludwig: Philosophische Untersuchungen. Frankfurt am Main 1971.

Sekundärliteratur

Kienzler, Wolfgang: Ludwig Wittgensteins »Philosophische Untersuchungen«. Darmstadt 2007.

Schroeder, Severin: Wittgenstein lesen. Ein Kommentar zu ausgewählten Passagen der *Philosophischen Untersuchungen*. Stuttgart-Bad Cannstatt 2009.